中华中医昆仑

沈仲圭学术评传

张镜源◎主编

中国盲文出版社

图书在版编目（CIP）数据

沈仲圭学术评传（大字版）/ 张镜源主编. —北京：中国盲文出版社，2015.11

（中华中医昆仑）

ISBN 978-7-5002-6598-6

Ⅰ. ①沈…　Ⅱ. ①张…　Ⅲ. ①沈仲圭（1901～1986）—评传　Ⅳ. ①K826.2

中国版本图书馆 CIP 数据核字（2015）第 282856 号

沈仲圭学术评传

主　　编：张镜源
责任编辑：亢　淼
出版发行：中国盲文出版社
社　　址：北京市西城区太平街甲 6 号
邮政编码：100050
印　　刷：北京华联印刷有限公司
经　　销：新华书店
开　　本：700×1000　1/16
字　　数：42 千字
印　　张：6.5
版　　次：2015 年 12 月第 1 版　2015 年 12 月第 1 次印刷
书　　号：ISBN 978-7-5002-6598-6/K·359
定　　价：12.00 元
销售服务热线：（010）83190297　83190289　83190292

丛书编委会

前　言

中医药是中华民族的伟大创造，是世界医学宝库中的夺目瑰宝，数千年来为中华民族的繁衍昌盛作出了巨大的不可磨灭的贡献，至今仍是中国医药卫生事业不可分割的重要组成部分，在维护民族体魄康健、促进经济社会发展中发挥着不可替代的作用。

中医药学，是中华传统文化和科技文明的结晶，是勤劳聪慧的中华儿女在几千年生产生活实践中，在与疾病作斗争的过程中，创造的独具特色的医学科学体系。它有着浓郁的民族特色、深厚的文化底蕴和丰富的哲学内涵。经过一代又一代中医药传人、一辈又一辈名医大家的实践探索、薪火传承、总结完善、创新发展，逐步形成了系统的理论体系、独特的诊疗方法、丰富的医学内容、实用的制药技术。具有疗效确切、用药安全、应诊灵活、普适简廉和预防保健作用显著的巨大优势，在世界医学之林独树一帜，为人类的文明进步与医疗保健事业，已经并正在作出积极的贡献。

为了弘扬中华民族传统文化，彰显中医药学家的丰功伟绩，当代中医药发展研究中心与中国文学艺术界联合会、国家中医药管理局新闻办公室、中华中医药学会、中国中医科学院、北京中医药大学、世界中医药学会联合会等精诚合作，在国家中医药管理局的支持和指导下，为中华近现代百年来贡献卓著、深受敬仰的150位中医药学家，编撰出版了这部大型传记丛书。丛书采用评传体裁，记载他们的生平事迹、医术专长、学术思想、传承教育、医风医德、养生之道和突出贡献，使这些宝贵的医学成就和精神财富发扬光大，千古流芳。

丛书取名《中华中医昆仑》。昆仑山，被尊为“万山之祖”，柱西北而瞰东南，立中国而凭世界，凌驾乾坤，巍然屹立。以其高峻豪迈、绵延起伏的磅礴气势，寓意中华中医药学历史悠久、博大精深和永不衰竭；以其挺拔雄伟、高耸入云的恢弘气魄，彪炳一代中医药学家的丰功伟绩、杰出贡献和不朽勋业。

丛书入选传主，从全国范围推荐遴选，遍及中医药界各个领域。有临床家、理论家、药学家、教育家、医史文献学家；有名师亲授、世医家教、学派传人、院校毕业和自学成才者；有师徒并驾、父子齐名和伉俪联袂者。他们学术造诣深厚、诊疗技术精湛、临床经验丰富、学科地位崇高、科研成果丰硕、医风医德高尚、国内外影响较大，从医学理论到临床实践，为中医药事业的传承和发展作出了突出贡献，是近现代百年来中华中医药界的杰出代表。

丛书的出版，对于弘扬中华文化，振兴中医药事业，造就中医药人才，普及中医药知识，具有重要的现实意义和深远的历史意义。这是一项开创性工作，填补了我国为著名中医药学家大规模撰写传记的空白；也是一项抢救性工作，因入选传主已仙逝过半，许多亲历、亲见、亲闻的史料日见散逸，将之收集整理、编撰成书，功垂后世、利国利民；更是一项承前启后的工作，总结传主经验，传承中医药伟业，继往开来，光耀世界医学之林。这部医文结合，富蕴历史性、学术性、文学性和实用性的鸿篇巨制，对医疗、卫生、科研、教育及全球关注中华中医药文化的各界人士，都有重要的参考和阅读价值。

丛书的编撰出版，是一项巨大的中医药文

化建设工程，在策划、撰写、编辑、出版过程中，自始至终得到了国家有关领导、政府部门及社会各界人士的关心和支持。国家中医药管理局高度重视，并组织专家对全书进行终审；数百名专家、学者亲临指导，参与规划；有关省、市、自治区卫生厅、局、中医局（处）给予大力帮助；传主及其亲属、弟子热情支持、密切配合；撰稿人深情满怀、辛勤笔耕；编审专家尽心竭力、精工细琢；关爱中医药事业的企业家热心公益、慷慨资助；全体工作人员不辞辛劳、无私奉献，这一切使丛书得以顺利出版。对此，我们深表谢意。

由于时间紧迫和资料搜集困难，加之水平有限，难免有疏误之处，敬请广大读者批评指正。

中华中医药学，历史悠久，源远流长，发端于远古，奔向于未来。百年对于历史，不过是短暂的瞬间；百人对于万众，不过是沧海一粟。然本丛书所记载的百年百人，则无疑是波澜壮阔的中医药发展史上辉煌的篇章和光芒闪烁的璀璨星辰。

张镜源

目录

医学理论必须时时和临床相印证，体会才能深刻。

——沈仲圭

沈仲圭（1901—1986），浙江杭州人。著名中医临床家、理论家。1918 年拜杭州名医王香岩为师，学习中医内科，三年学成。1928 年，沈仲圭任教于上海中医专门学校。1930 年，在上海国医学院任教。1932 年，在中国医学院任教。抗日战争爆发后，于 1938 年到重庆，任北碚中医院院长。中华人民共和国成立后，在重庆中医进修学校任教。1955 年，作为著名中医调入中医研究院，在广安门医院中医内科任职，并负责高级干部与外宾的诊治，深得患者好评。

沈仲圭精于治疗温病和虚证，善用补虚之法。通过对古代医书的研读和数十年的临床实践，沈仲圭认为，伤寒和温病本是一体，不应“机械分割”。他擅长中医方剂的研究，长于内科杂症的治疗，重视治疗法则的制订。同时，在治疗疾病的过程中，他还强调对病人进行食物疗法，这是他诊病治病的一大特色。因此，沈仲圭是食疗法的倡导者和施行者之一。

沈仲圭从医 60 余载，潜心研读古今中医典籍。他聪慧强识，治学严谨，经典中的重要内容均能熟记。他善取百家之长而为己所用，临证时每每能够得心应手。他临证推求病因、明于辨证，处方精炼而灵活，能出奇制胜。

沈仲圭不仅精熟中医理论，而且临证经验丰富。他精心笔耕，著述丰硕，在中医理论研究和临床诊病方面均有重要建树。他有近 30 年的时间从事中医教学工作，诲人不倦，堪为师表，桃李遍布大江南北。他以渊博的学识、精湛的医术、求实的文风、丰硕的著述为中医临床和教育作出了令人敬佩的贡献。

名医门下自觅径
从流溯源初闻道

1901 年 2 月 19 日（农历辛丑年正月初一），沈仲圭出生于杭州。父亲曾是清代两浙盐运使官署官吏，家境富裕，他的降生为这个殷实之家带来了许多欢乐。然而随着时局的动荡，家境逐渐衰败，到沈仲圭上中学的时候，家中已无力供他继续读书。1918 年 2 月，年仅 17 岁的沈仲圭拜杭州名医王香岩为师学习中医。

王香岩，名普耀，浙江镇海人，是湖州名医凌晓五的入室弟子。据《中国医学人名志》记载："凌奂，清归安人，字晓五，治医，读书极博，著有《医学薪传》。"王香岩在杭州悬壶数十年，善治温热病，对杂病也颇有研究，著有《医学体用》一书。王香岩医名鼎盛，求医者众多。

与沈仲圭同时拜王香岩为师的共有四人。弟子们上午随先生出门应诊，下午则摘抄医案，研读医书。王香岩主张学习中医须“从源及流”，就是要求初学中医的学生先从最早的无方之书开始学习，如《黄帝内经》、《难经》、《诸病源候论》，以加强理论认识，然后再选择历代中医名著循序渐进地慢慢研读。因为中医典籍浩如烟海，难以穷尽，所以王香岩选了薛生白《医经原旨》、徐大椿《难经经释》、张隐庵《伤寒论注》、尤怡《金匮要略心典》、王孟英《温热经纬》、雷丰《时病论》、林佩琴《类证治裁》、程钟龄《医学心悟》等，要求门生不仅要细读深思，还要在运用上做到融会贯通。

王香岩选定的中医古籍有不少艰深晦涩，初学者阅读起来很有难度，沈仲圭感到压力很大。经过一段时间的学习，沈仲圭发觉老师所安排的读书顺序并不适合于自己，于是就根据自己的实际情况，从易到难，先从浅显的门径书学起，再从流溯源。《医学心悟》、《医学从众录》、《医学源流论》、《冷庐医话》等就成为了他的启蒙读物。当然，对于初学中医者必须熟读、背诵的《汤头歌诀》、《药性赋》、《医学三字经》等书，他更是晨读夜习。渐渐地，他读《内经》、《难经》等典籍也就觉得比较容易了。

性格内向、好学深思的沈仲圭深知，只有付出更多的精力和时间，才能学好中医。于是，在忙完白天的工作后，他在晚上将老师白天坐诊时说过的话、开过的药方反复回忆推敲，直到熟记药方后才允许自己睡觉。如果在读古书或者摘抄医案中遇到困难，他会把问题先罗列出来，而后趁着先生闲暇时认真请教。

经过艰苦摸索找到入门之径的沈仲圭，对中医经典古籍和理论的学习渐入佳境，对古籍文献日益入迷，并成为终身的爱好。对于读书习惯的养成，沈仲圭曾经在一篇文章中谈道：“我平生所读之书，以明清著作为多。清末民初，浙江桐乡大麻名医金子久先生曾对门人说：‘《内》、《难》、《伤寒》、《金匮要略》为医学之基础，然在应用时即感不足，如《金匮要略》为杂病书之最早者，然以之治内妇科等病，不如后世医书详备。所以唐宋诸贤补汉魏之不足，金元四家又补唐宋之不足，迨至明清诸名家，于温病尤多发挥。’金氏这段话，与我治学之路正复相同。我细心阅读的书有汪昂的《素灵类纂约注》，徐大椿的《难经经释》、《医学源流论》，治《伤寒》、《金匮》，宗《医宗金鉴》，温病宗《温热经纬》。明代王肯堂《证治准绳》，清代国家编纂的《医宗金鉴》，以及沈金鳌的《沈氏尊生书》，均是皇皇巨著，是我案头必备的参考书。其他如本草、方书、医案、笔记等，平素亦常浏览，以扩见闻，这些书仅是所谓眼到而已，不要求背诵。从前读书，强调背诵，对初学来说，确是一个值得重视的好方法。清代章学诚说：‘学问之始，非能记诵。博涉既深，将超记诵。故记诵者，学问之舟车也。’涉山济海，少不了舟车，做学问也是如此。但不能只停留在背诵阶段，而是要作为以后发展的基础和出发点。”

沈仲圭提出，读书要四到，即口到、眼到、心到、手到。口到指朗诵，眼到指阅读，心到指领会和思考，手到指要勤做笔记。书不但要读熟，还要精思，把读的东西消化吸收，同时要善于思考，不要轻信古书，也不要对古书持一味的否定态度，要力求做到去伪存真。要勤做笔记，不仅要将自己认为精辟的地方摘录下来，还要写读书心得，这样才便于消化吸收。

俗话说：“师傅领进门，修行在个人。”王香岩将沈仲圭领入了祖国瑰宝中医的大门，沈仲圭则通过自身的勤勉和业师耳提面命式的经验传授，逐渐对业师所精通的温热病疗法有了深刻认识，也掌握了其中的医治规律。后来，沈仲圭曾专门写过一篇文章《王香岩先生学术思想简述》，将王香岩对于温热病的治疗方法进行总结：即春温热入心营的辨证处方、湿温初起与化热的辨证处方、中暑热入心包的辨证处方、秋燥伤肺的辨证处方和冬温风燥的辨证处方。由此可见沈仲圭对恩师的学术思想和疗法规律掌握之牢固。正如王香岩所教导的："临床辨证选药应该做到不拘执成方。中医在秦汉《内经》、《伤寒论》的基础上，经过历代明贤不断努力，至明清已发展至丰富多彩、门类齐全。由于时代的变迁、气运的不同、地理环境的各异，所以钻研古书，应学其理论与法则，而不必拘泥于其方药。"沈仲圭也认为，学习中医不能拘泥于恩师和其他名医的方药。

1921 年，沈仲圭学徒三载满师毕业。当时军阀混战，北洋政府根本无力顾及中医事业。初出茅庐的中医学生如独立开业行医，则往往难以维持。沈仲圭的旧识、《神州国医学报》主编吴去疾就因业务萧条，生存无望，抑郁而死。因此，沈仲圭只好先做小学教员，希望在社会上站稳脚跟后，再实现自己悬壶济世的理想。他自觉对中医的精深之处还不甚了解，于是白天教书，晚上继续钻研医书，每至半夜方入睡。第二天凌晨又伴着响亮的鸡鸣声起床背诵医书。在做小学教员期间，他开始执笔为文，将自己研读古医书的经验和感受全部记录下来，写成文章投递到医刊。如当时王一仁主编的《中医杂志》、吴去疾主编的《神州国医学报》、陈存仁主编的《康健报》、张赞臣主编的《医界春秋》、陆渊雷主编的《中医新生命》等刊物，都登载过沈仲圭的文章。此后，沈仲圭一直坚持写作，即便到了晚年，依然笔耕不辍。他在晚年曾赋诗一首，道出了自己暮年仍然壮心不已，愿为中医发展扬鞭奋蹄的心声：

满目医林气象新，姚黄魏紫竞芳馨。

神功共赞金篦术，奇效还夸玉函经。
病翮何须嗟蓬落，奋飞尚拟向青冥。
欣逢四化千秋业，指路遥看北辰星。

沈仲圭从学医到行医度过六十几个寒暑，几乎无日不读书，无日不执笔。他说："我国医学，博大精深，流派亦多。历代明贤大都各有所长，亦各有所短。初学宜宗一家言，学一家之长，而以他家补其不足。例如学经方者旁参叶天士、薛生白之说，则经方时方，熔于一炉。又如学朱丹溪者旁参张景岳之说，则滋阴补阳两无所偏。学完理论，转入临床，务须详参脉证，妥选方药，对收效缓慢的病例，宜请教老中医指点，不可忽略放过，这是对病者负责，也是鞭策自己向上攀登。"

沈仲圭早年向王香岩学习中医的经历为其后来取得的成就奠定了坚实的基础，他说："我早年幸遇名师王香岩先生，经他传道、授业、解惑，为我以后的学业奠定了基础。王师擅长治疗温热病，我学习的基本上是叶派学说。”但是，在以后的行医生涯中，沈仲圭没有固守王香岩的医学思想和临床经验，而是在此基础上博采众长，不断提高自身医术。中医内科把疾病分为两大类，即外感和杂病。外感六淫之邪，王香岩主张以《温热经纬》、《伤寒指掌》为学习指导，然后再参考《时病论》。但沈仲圭却认为吴鞠通的《温病条辨》更系统地论证了温热各证，也应该列为学习温病的必读之书。

沈仲圭强调，学习中医同样要转益多师、不耻下问。由于自然地理环境的差异及风俗习惯的不同，在长期的发展中，中医逐渐形成了具有地域特色的用药习惯和流派。因此，沈仲圭主张“要多向各地医药同行学习，吸收他们的长处，不拘泥于门户之见。不应以古今著作为局限，现代名医的经验，民间流传的单方秘方都应该兼收并蓄”。民国初年的名中医裘吉生自定疏肝和胃散方，治肝胃气痛疗效显著，方用沉香曲、香附、甘松、延胡索、降香、九香虫、刺猬皮、瓦楞子、左金丸、甘蔗汁、生姜汁。沈仲圭虚心向裘老索方，此后用该方治神经性胃痛、胃溃疡胃痛，均有疏肝和胃、行气止痛之功效。他在长期的临证实践中，总结出裘老的药方并不适宜于虚证。他在医案中介绍了此方的使用情况，生动地反映出他对知名同行验方的科学态度，既善于吸收他人的经验、虚心学习他人之长，又注意结合患者具体病症和自己的临床经验灵活使用，而后在实践的基础上，提高原用药方的治疗功效，进而收到更好的效果。

沈仲圭一方面虚心向各地名医请教医术，博采众长，一方面热情对待年轻人的求教，为他们解疑释惑，有问必答、有信必复，同时也认真听取他们的意见。他多次对家人讲："中医理论博大精深，一个人不可能样样精通。所谓老师不过是闻道早些。在弟子面前自视高明，听不得他们的意见，实际上是自己底气不足。”1979 年，已经 78 岁高龄且颇具声望的沈仲圭写好《银翘散的研讨》一文后，将文稿寄给北京中医学院在读研究生连建伟，请他不必客气，提出修改意见。后来，沈仲圭根据连建伟的意见，对文章中的某些不足之处做了修改。沈仲圭认为，只有这样，才能做到集思广益而不拘泥于一孔之见。他也因此对连建伟更加器重。连建伟毕业前夕，沈仲圭写信给浙江中医学院院长何任，推荐他到该学院任教。连建伟不辜负前辈的期望，之后在教学、科研上取得了不菲的业绩，被评为教授，又升任浙江中医药大学副校长，并被选为全国政协委员。

哺育桃李勤耕耘
提携后学重基层

中医研究院建院初期，沈仲圭已是一位有着 27 年教龄、著述颇丰的中医教育家。

沈仲圭的教学生涯始于 20 世纪 20 年代末。随着时代的变迁，他所任教或负责的中医院校逐渐发展成为将新式学堂教育与中医传统授业模式融为一体的近代教育机构。任教期间，他撰写了许多讲义和论文，同时收集验方，点校整理古籍文献，培育了大量优秀人才。

1928 年，沈仲圭开始在上海中医专门学校任教。该校为近代名医丁甘仁所创办。沈仲圭到该校执教时，丁甘仁已去世，由其长孙丁济万主持校务。当时学校的教员还有程门雪、陆渊雷、时逸人、余鸿孙等。所用教材有自编讲义，也选用古今名著。1930 年下半年至 1931 年，沈仲圭在上海国医学院任教。该院为陆渊雷、章次公、徐衡之三人所创办，聘章太炎为名誉院长。陆渊雷讲授《伤寒论》，章次公讲授药物学，徐衡之讲授儿科，沈仲圭讲授中医常识及医案。由于教师精于医术、认真传授，学生刻苦研习，师生共同努力，造就了一批优秀中医人才。如中国医史文献专家范行准、浙江中医学院教授潘国贤等，都是在这一时期毕业的国医学院学生。

1932 年 9 月～1933 年 7 月，沈仲圭到上海中医学院任教。该院由上海国医学院设立，教务长为蒋文芳，由上海名医朱鹤皋出资兴办。很多学生勤奋好学，成绩突出，日后成名者，如著名中医肖熙等。

1929 年，南京国民政府卫生部第一届中央卫生委员会，通过了余云岫提出的《废止旧医以扫除医事卫生之障碍案》的提案，以及废止中医的六项办法，将已备受歧视的中医事业推到了生死边缘。提案一经公布，立即引起了全国中医界的极大愤慨。各地的中医团体代表聚集上海，召开全国医药团体代表大会，向政府请愿，强烈要求取消该提案。一向谨言慎行的沈仲圭也加入了抗议的行列，他作为杭州代表出席会议，为中医生存奔走呼吁、奋力抗争。中医界的抗争，最终迫使国民政府不得不取消废止中医的提案。

抗日战争爆发后，沈仲圭只身到了重庆，任北碚中医院院长。在那炮火连天、动荡不安的岁月里，沈仲圭坚持在中医园地里辛勤耕耘，一边努力为饱受苦难的当地百姓诊病，一边潜心研究名家医案和地方用药特点，并认真传授中医知识，培养中医人才。

中华人民共和国成立后，沈仲圭在重庆中医进修学校任教，讲授方剂学、温病学，基于自身的行医经验和深厚的中医学功底，精心编写讲义。1955 年底，中医研究院在北京建院，应卫生部之调派，沈仲圭进入中医研究院，在附属的广安门医院内科工作，兼负责高级干部与外宾的诊治。

到中医研究院工作，是沈仲圭人生道路重要的转折点。中医研究院是全国中医药事业的最高科研机构，汇集了全国知名中医进行高层次的临床医学研究。中华人民共和国建国初期实行的“就业、医疗、养老”的社会保障制度，彻底改变了沈仲圭漂泊不定的生活状态，为他全心全力从事中医事业提供了稳定的生活保障和广阔的平台，他也因此迎来了中医教育和研究事业的第二个高峰。

与以前多年的教学经历不同，沈仲圭从 1955 年到中医研究院任职，直至 1986 年病逝，30 多年里除了根据组织安排指导本院青年医生学习外，从未担任过任何实际意义上的教职，但他却从未中断过教学育人，一直通过多种教育形式在培养学生。

沈仲圭经常在中医学术刊物发表论文，各地的中医后学常常在读了他的论文后慕名写信向他求教，他便以信函形式为他们释疑解难。经过长期的书信往来，彭述宪、于世良、袁海峰等青年中医成为他的“遥从弟子”。这些人后来大都成为当地的名医，他们在沈仲圭逝世后的20多年间，多次发表论文，追忆、传播恩师的学术思想和品德，深情怀念恩师并十分珍视从恩师那里受到的教益。

沈仲圭的个体函授教学活动以一己之力艰难地坚持了近20年。尽管受到过挫折，遇到过困难，他仍向慕名求教的外地基层中医师邮寄了大量的中医书籍和刊物，并复信为他们解疑释惑。

沈仲圭始终认为，作为老中医，为弘扬祖国优秀医学，自己有责任搞好“传帮带”。家人劝他要量力而行，他说：“基层中医院图书资料少，让他们多了解古书、学术刊物，有助于他们增长见识，提高业务水平。基层，特别是乡下，医疗条件差，老百姓不到万不得已不会去看病，所以遇到的疑难杂症也多。与他们通信，既能帮他们解决难题，我也能开阔眼界。”他了解基层医生的困难，深知他们的求知欲望，因此对他们来信的答复十分认真，一丝不苟。有时上午刚发出回信，午休时又想到有的病例叙述得不够详尽，马上又追寄一封信去询问或补充，弄得夫人万宝琴有时一天要跑几趟邮局。日久天长，就连报国寺邮电局的职工也都赞扬他提携后学的精神。

沈仲圭致力于中医教育，对我国中医教育的曲折经历深有感触。他认为，照搬西医的教学模式学习中医、教授中医，事倍功半。学生理论知识多，但实践能力不强，有些人在实际临诊时往往处方比较机械，缺乏融会贯通的本领。所以，他特别重视师带徒，认为这种传授方式可以弥补中医院校集中教学之不足，也符合中医的教学规律。书信交流当然不如当面教学效果好，但这是受现实条件制约不得已而为之，也强似于无。写信者往往经过深思熟虑，表达比较严谨，同样可以达到进行深度交流的目的。沈仲圭一旦发现通信方有成功的病例，就督促其及时总结归纳，他会在自己的论文或专著中将这些病例详细介绍，扩大基层中医师在中医界的影响。

主张寒温本一体
治疗温病成一家

沈仲圭在60多年的从医生涯中，倾注了大量的心血研究温病学说。他不仅结合自身临床实践钻研温病理论，而且对包括业师王香岩在内的温病临床名家的学说也进行了系统的研究。沈仲圭在探讨王香岩学术经验时说道："先师善治温病，重透重养。谓温病初起宜辛凉宣透，固无疑义，而邪入心营之须透邪，亦万不可忽视。如春温热入心营用牛蒡、银花、连翘、郁金、菖蒲之类。暑温热入心包用石膏、银花、荷花、连翘之类，均旨在宣透，既可防其内闭，又能泄热外出。温邪最易灼烁津液，故前贤有'存得一分津液，即有一分生机'之说。先师立方治病，亦十分重视津液之保存，每从清养肺胃着眼，选用沙参、石斛、麦冬、梨汁等甘润之品；对暑热或春温热盛者，则常用荷花露、银花露之类。并主张运用辛凉轻清之品，枢转气机，如治温湿常用薄荷、郁金、芦根、青蒿之类。治冬温每投桑叶、杏仁、薄荷之类。治春温则多以银花、连翘为主药。治疗湿温还创立了‘启上闸，开支河’法，取‘微汗不仅散热，又可去湿’之意，使热从外解，湿向下行。”

沈仲圭在王香岩门下刻苦攻读，不仅深刻理解掌握了王香岩治疗温病的经验和医术，而且对温病学派其他代表人物的治疗经验和学术思想也悉心研究总结，将不同流派的学说加以比较。比如沈仲圭在论述薛生白的《湿热条辨》时就指出：“我体会《湿热条辨》立法遣药，师古勿泥，圆机权变。薛氏在‘温湿之病，阳明必兼太阴’之理论的指导下，着眼于湿，吃紧在热，注意邪正关系，平调阴阳偏颇；其对‘主客交’之治法，参活血通络以祛邪热，仿‘三甲散’意，诚如茅雨人《感证集腋·四家评》所谓薛氏之论‘补又可之未逮’。”寥寥几句，就把薛生白治疗温病的思想剖析得很是深透。他对王孟英、吴鞠通等温病大家的学术成就也有专门研究。正是由于精通温病各派的治疗特色和独到之处，吸取其中精华，沈仲圭终成治疗温病的一代大家。

沈仲圭对肺痨、流行性乙型脑炎、烂喉痧等温热病均有自己独到的治疗方法。

沈仲圭善治肺痨，认为治疗肺痨一证，应该从肺、脾、肾入手，以滋水平木、清金保肺、培土生金为治疗原则，用药以甘寒为主，甘平为辅，方选保阴煎、琼玉膏、六味地黄丸、资生丸等。肺痨虽然在肺经，但与其他四脏相关，俱可发病。在肾为腰腿酸软，内热盗汗，梦交失精，耳中蝉鸣；在心为惊悸怔忡，虚烦少寐，口舌糜烂；在肝为胁肋作痛，目涩而痛，颈项瘰疬，头晕眼花；在肺为咳嗽痰红，或大口咯血，两颧红如胭脂，鼻中气如火热，咽痛喉烂，声嘶音哑；在脾为不思饮食，胀满腹痛，肠鸣泄泻，肌肉消瘦。由于五脏生克关系，肺与脾肾关系更为密切。肺损日久，上夺母气以自养而至脾虚，下不能滋肾而精液日亏；脾虚失运，谷气不能上达于肺；肾精过耗，阴亏则虚火上乘。所以沈仲圭强调"治肺痨当注重脾肾"。因肾藏精，命门内寄相火，水火既济，则阴阳平衡。脾为后天之本，胃开脾运，自能生血化精，血足则肝火不旺，精足则肾水不亏。沈仲圭推崇《理虚元鉴》中对肺痨的认知。他认为劳损在肺，则病还不重。劳损若在肺，出现的症状通常为干咳少痰，咯血时作，或有潮热，手足如灼，口燥咽干，饮食减少，舌边尖红，脉细数。应养阴润肺，止咳化痰。选裘氏清肺宁嗽法治疗，也可选《医学心悟》中提到的月华丸治疗。如果肺痨到肾则已由浅入深。劳损在肾的症状为：咳嗽痰少，或吐黄稠痰，咯血量多色鲜，胸胁掣痛，骨蒸盗汗，心烦失眠，性躁多怒，舌红绛，脉细数。应滋阴降火，潜阳安神。选用裘氏的养阴止血法、育阴潜阳法、养阴敛汗法治疗。如果病势再进则会损及肺、脾、肾三脏，症状为咳呛咯血，骨蒸盗汗，声嘶失音，形体孱弱，或畏风自汗，喘息气短，面浮肢肿，食少便溏，舌光绛，脉微细等。肺痨到此阶段，已经很难治愈。沈仲圭主张填补精血，调理脾胃，培先天之精血，资后天之化源。用《十药神书》中提到的白凤膏及保真汤是比较理想的方剂。肺痨病患者在恢复期间，沈仲圭强调除了适当的体育锻炼及节制饮食外，还需用药物和食疗结合的方式调养。

关于暑温，沈仲圭提出，暑温有偏热、偏湿、伏暑、暑风和暑厥的差别，所以治疗暑温不能囿于一法、一方、一药，要根据病情的不同进行辨证施治。治疗流行性乙型脑炎，同样不能固守一方一药。他指出：人体有弱强，感受有轻重，伏邪有浅深，治法有缓急，用方有大小，必须根据流行性乙型脑炎在发展过程中各种证型、各个阶段的具体情况，以及环境、气候、年龄、体质等，加以全面的综合考察，选择适当的治疗方法。为此，沈仲圭参与研究并提出了8种治疗流行性乙型脑炎的方法。其一为辛凉透邪法。他认为“辛凉透邪是治疗温病的第一要务，治疗流行性乙型脑炎——暑温尤为重要”。其二为逐秽通里法。他认为“逐秽通里一法，是治疗温病过程中紧要的环节。若暑秽内阻，热结阳明，直须芬芳以逐秽，清下以通里，不使热毒内陷，里通而表自和”。其三为清热解毒法。他认为“清热解毒是治疗暑温的关键。在治疗流行性乙型脑炎的实践中，也得出必须以清热解毒为主的结论”。其四为开窍豁痰法。他认为“开窍豁痰是治疗暑温的急迫方法之一。在临床中，发现有昏迷不醒或谵妄不安的证候，应该注意其因火、因痰”。其五为镇肝息风法。他认为“痉厥抽风为流行性乙型脑炎的几个证候。中医暑痉、暑厥、暑风，名虽繁多，而其要领仍在分别证候，即辨证立法”。其六为通阳利湿法。他认为“通阳利湿是治疗暑温不可偏废的一个方法”。在治疗过程中，他强调用《温病条辨》中的法则来立法遣药。其七为生津益胃法。他认为“一切热性病患，未有不灼伤津液的”。所以在治疗中，医生应注意保津液的重要性。“特别是一切热病末期，胃阴消烁，津液愈亏，此时用生津益胃法，真能收到泽枯润槁之效”。其八为清燥养阴法。他认为“清燥养阴是治疗温病后期最重要的方法。温病若在末期，会生内燥，直须清凉甘寒之物，才能收到养阴清燥的功效”。

沈仲圭总结了自己治疗烂喉丹痧的经验。在分析烂喉丹痧病证的形成原因时，他指出：

"《内经》云一阴一阳结，谓之喉痹，一阴为厥阴主乎风木，一阳为少阳主乎相火，其脉上循咽喉；又云喉主天气，咽主地气，咽喉系络肺胃，其经为风火阻郁，风为阳邪，袭伤清窍，风火相煽，结痹咽喉，痹则糜烂，症见口渴欲饮，黏痰不易咳出，大便秘结，小便短赤，身热神烦，咽喉红肿糜烂，胸闷不适，遍体红疹，满布颈项。"这是对《内经》"一阴一阳结"深刻的诠释，也是为喉痹治法的立论。在治疗此病时，沈仲圭认为，烂喉丹痧内有厥阴少阳相火上升，外有风热之邪袭于清窍，形成热毒炽盛咽喉糜烂。如果急于散风泄热、涤痰解毒，则燎原之势难以遏制，但恐咽喉肿腐愈甚，变为坏症，所以应该疏散清化并进，慎防痰升内闭之患。可以选用普济消毒饮加减，以清火散风，涤痰解毒。药用玄参（清上炎之火），射干（散风热，平相火），牛蒡子（散热结），银花、连翘（清热解毒），薄荷、僵蚕（透痧疹，散结肿），浙贝、莱菔子（宣肺消痰），马勃（清肺热），山豆根、板蓝根（治喉痹肿痛之专药），鲜橄榄（清厥阴相火），郁金（除热通痹），锡类散（去腐生肌）。

在长期治疗温热病的过程中，沈仲圭认为，温病家辨证，首重察舌、观目、看齿，这是他们临床经验的可贵之处。相较于把脉，用眼睛观察舌色的方法则更为真切、直观。沈仲圭对舌诊的研究尤为精细，他根据古人的论述和自己多年的临床经验，提出“察舌辨证是祖国医学理论宝库中一个重要的组成部分，每一个中医人员都应该认真研究运用”。他常常在教学中提醒学生：“舌诊对于六淫外感病症（包括现代医学多种传染病）具有更高的实用价值。时病辨舌，有其特殊意义，临证多能通过舌诊，即可知病位之所在、病性之所属，以确定治疗法则。如同是外感，舌苔薄白而润者，即是外感风寒，法当辛温解表；若其舌苔薄白而干，边尖红赤者，乃风热为患，治宜辛凉轻剂。时病神昏谵语，为病深入里之重证，大体可分为湿热蒙闭清窍、温病逆传心包、阳明腑实三种。然湿热蒙闭清窍，舌苔黄腻；温病逆传心包，色必红绛；阳明腑实，苔必老黄起刺。但从舌苔、舌质即可判明三种不同的神昏谵语。如现代医学‘猩红热’，中医称为烂喉痧，必现杨梅舌，即是该病的主要特征。”

利用察目法时，如果病人两目黄色，则可以诊断为湿热内盛；如果两目赤色，则是火证。叶天士在《外感温热篇》中曾经记载：“温热之病，看舌之后，亦须验齿。齿为肾之余，龈为胃之络，热邪不燥胃津，必耗肾液。且二经之血，皆走其地，病深动血，结瓣于上。阳血者色必紫，紫如干漆。阴血者色必黄，黄如酱瓣。阳血若见，安胃为主。阴血若见，救肾为要。”利用察舌、观目、看齿的方法，沈仲圭在治疗中屡试不爽，是其临床的宝贵经验。

沈仲圭在大量临床和理论知识积累的基础上，完成了《中医温病概要》一书的编著。该书是在总结古今名医治疗温热病方法的基础上编著而成的，总结了温病的沿革、病理、诊断、方剂及各病证治，内容丰富，使读者用较少的时间，便能获得温病的全面知识，对治疗温病的普及工作作出了较大贡献。

沈仲圭积累了大量临床温病治疗病案，逐渐形成了一套完整的学术思想，其中最重要也是最具其个人特色的学术主张，当属他对温热病与伤寒病辩证关系的阐述。他曾经如此阐释伤寒与温病的关系："温病学说，导源于《内经》、《伤寒论》，经历代医学家尤其是清代叶天士、薛生白、吴鞠通、王孟英诸家的大力发展，使温病学说自成体系，蔚为大观。由于伤寒家运用《伤寒论》的方法，治疗某些热病，亦有疗效。因此，对温病学说仍持异议。伤寒、温病，本是一体，不应另立门户。温病学说是在

《内经》、《难经》、《伤寒论》的基础上发展起来的，既补充《伤寒论》之不足，又与《伤寒论》互为补充。”

温病学派自形成以来，引起了历代医学家有关“伤寒”和“温病”之同异的学术论争。有人认为，温病应为一派，不应拿伤寒的治疗方法与温病的治法相比较。然而，长期从事温热病治疗的沈仲圭却认为“寒温一体，互相补充”。

沈仲圭是最早持“伤寒温病一体论”的学者之一，在他的著作中贯穿着如下的学术思想。

温病学说同其他学说一样是逐渐发展起来的。《伤寒论》为汉代以前诸名医对急性热病的治法与方剂，由张仲景集其大成。温病学说则是在《伤寒论》基础上，逐步增补病类、治法、方剂，至叶天士始完成急性热病的治疗体系，补充了《伤寒论》的不足。《伤寒论》是温病之源，因此，有很多伤寒方可用于温热病症。比如《伤寒论》中关于阳明病、少阳病、少阴病篇中若干方剂，可用于温热病症。但是，严格来讲，寒与温属性不同，其病理也不一样，处方用药自难一致。如张仲景的麻杏甘石汤可用于风温初起，但是其中麻黄不免失之辛温；葛根芩连汤可用于温病表里热盛之证，其中葛根不免失之升发，芩连又过于苦寒；黄连阿胶汤可用于温热病热传下焦、阴亏火盛之证，《外台秘要》引崔氏黄连解毒汤，可用于火毒充斥三焦、火热烦狂之证；陶华的三黄石膏汤，可用于温热表邪未解、三焦里热炽盛之证，但均失之苦寒太过，不适合温病所用。

因为伤寒与温病的病因有所不同，所以在诊治上亦有所差别。例如热病初期，如果用张仲景的方法，则是桂枝汤、麻黄汤、大青龙汤；温病派则会用银翘散、桑菊饮，这是辛温解表与辛凉解表的差别。当病情进一步发展时，高热不退，伤寒家将此证称为阳明证，用白虎、承气两种治疗方法；温病派也称之为阳明证，同样用白虎、承气两种方法治病。但是温病派所使用的承气汤，更为细密，属于辨证投方。例如在张仲景承气汤的基础上，又研制出黄龙汤、宣白承气汤、导赤承气汤、牛黄承气汤、增液承气汤等。高热引起的神昏病证，温病派有清热解毒的治法，如清宫汤、牛黄丸、紫雪丹、至宝丹等。又如《伤寒论》中所提到的清热之方，有白虎汤、黄芩汤、小柴胡汤。温病派则有治气血两燔之法，如玉女煎去牛膝加玄参方；有清宫热之法，如清宫汤。这两种清热的原则虽然相同，但方子的组成不同。热性病最容易伤阴耗液，《伤寒论》中关于养阴滋液的方子很少，但是温病派对此病证，有加减复脉汤、大小定风珠、护阳和阴汤、五汁饮、牛乳饮等，在扶正祛邪方面比张仲景时代更加完备。以上这些，都是温病和伤寒在治疗上明显不同的地方。温病派所提出的不同方剂，足可以补张仲景《伤寒论》中的缺陷，充实热性病的治疗内容。

温热病学和其他学科一样，都是随着历史的演变而进步的。张仲景的《伤寒论》成书距今已 1800 年，其间经过历代医家的理论研究和临床经验的积累，对热性病的认识和治疗，相较于张仲景时代，均有所补充和发展，因此治疗伤寒，不能拘泥于张仲景的著作，应求进步；而治疗温病，更不能忘记其治法是在《伤寒论》的基础上发展的；并非温病的治法只能治温病，《伤寒论》的治法只能治伤寒。沈仲圭认为，尽管两者包含的病类不同，但是治法却在一个体系中。所谓温病的治法，不过是在《伤寒论》原有的治病体系上加以充实和修改而已。

由此沈仲圭强调，温热病的理论，须从系统、全面和发展的眼光审视，不应拘泥于一家之言，横生门户之见，因循守旧，停滞不前。必须将伤寒和温病两者的理、法、方、药统一起来，互为补充，在前人的基础上有所发现，大胆创新。只有这样，才能为继承与发扬中医学事业作出更大的贡献。

化整为零勤写作
百万著述惠杏坛

沈仲圭对温病学说造诣深厚，著述颇丰。这是由于他有着强烈的研究中医理论的意愿，以及早年养成的勤于写作的习惯。

沈仲圭初出茅庐时，就以学术论文多产闻名于上海、重庆的中医界。当时有影响的中医学术刊物《中医杂志》、《神州国医学报》等都刊载过他的文章。从那时起他就以自己的研究成果在现代中医史上留下了宝贵的墨迹。

以 1949 年为界，他的著述大致可分为前、后两个时期。1949 年之前的文章多为教学讲义，着重阐述温病学说等中医经典学术思想的基本内涵、发展沿革以及各学派医家的不同见解和贡献；1949 年之后的著述范围更为广泛，既有专著，又有医案集成，还有对《伤寒论》等典籍的考证。

沈仲圭性格沉静，不善言辞，多思善学，勤奋刻苦，即使在他体弱多病时，依然把更多的时间和精力用在中医理论研究和著述上。有一段时间，大多中医学术刊物停刊，著作出版无期搁置。他不管外部环境如何，凭着对中医事业的挚爱，依然每天研究过去的医案，捧读医书，撰写读书札记。他的孙辈早晨醒来时常看到祖父早已在台灯下埋头写作了。

随着国家各项事业的恢复发展，中医学术期刊逐步复刊，这时稿件匮乏，沈仲圭所写的大批中医论文为这些刊物解了燃眉之急。那时还没有恢复稿费制度，但他一直坚持为有关刊物撰稿，从不过问是否有稿酬。

沈仲圭写作十分认真，他的每篇论文都用复写纸印写一份。复写稿寄给杂志社，原稿自己留存。原稿积累到一定数量，用针线装订成册。他给刊物写同类文章时，一定要先看留存的底稿，凡是旧稿中已阐述得比较充分的，他都不忙动笔重写，一定要等到有新的体会时再写；旧稿中阐述得不够准确或不充分的，他一定要再查阅资料，反复推敲后才下笔。

改革开放后，沈仲圭的稿约不断。这时他已年过七旬，写长篇论文，体力难支，于是他化整为零，坚持每天写医论札记，随时记下自己的学术思考，甚至在《吉林中医药》等刊物的空白处也写下了大量的随笔。这种以学术札记搭建长篇论文结构的写作方法，帮助年老体弱的沈仲圭成就了晚年的著述。

沈仲圭对中医理论的研究逐渐系统化。他撰写的《从历代医学文献探讨中风病因及治法的变迁》体现了在这方面的成就。该文通过解析《素问·通评虚实论》等三段文献，说明早期中医就已经对中风的病因、病灶、预兆等有了初步的认识，到明代名医缪仲醇时才比较完善。沈仲圭根据中风的早、中、晚期不同阶段的临床症状，科学详尽地剖析了经典处方的临诊思想和用药特色，使读者从不长的篇幅内就可清晰地了解千余年来中医对中风病的认识轨迹和用药思想的演变。

在撰写临床经验总结时，沈仲圭常按病理将某种病的临床诊治归纳出多种疗法。这些疗法并不仅是他个人的临床实践，而且是结合医学文献及其他老中医的医案进行的高度概括。如《治肾八法》就从肾病的不同成因和临床症状的角度归纳出“摄纳肾气法”、“温补命门法”、“温阳化水法”、“滋养肾阴法”等八法，并辅之以验方，使读者对某一病种的临诊思想一目了然，也印证了他反复阐述的思想：“医学理论必须时时和临床相印证，体会才能深刻。”

沈仲圭的临床论文体现出他为人真实质朴的本色。在他的文章中只要是先辈、同事们的既经得起时间检验又体现中医文化精髓的验方，他都热情地加以宣扬，在自己的验方中凡是借鉴他人验方的也会和盘写出。更可贵的是，他会把在验方使用过程中发现的禁忌、不适用的病症都实事求是地加以说明，甚至把自己最初的一些误判也不加掩饰地公之于众，从不顾忌会给个人声望、同行关系带来的不利影响。北京中医学院教授任应秋是他的好友，两人在早年曾长期共事，后来也时有过从。任应秋对肝病素有研究，他的论文《舒肝评议》发表后，沈仲圭不同意其中的一些观点，即写出《〈舒肝评议〉的评议》，与老友展开讨论。两人不仅没有因此而生分，友情反而更加深厚。沈仲圭的这种为人处世风范、求真务实的学术品德和对中医事业的赤诚之心，使他能够结交像任应秋这样的知音，也使他在深受传统文化影响的中医界备受钦佩。

由于治学严谨，勤于著述，沈仲圭先后出

版了《养生琐言》、《诊断与治疗》、《仲圭医论汇选》、《食物疗病常识》、《肺肾胃病研讨集》、《中医经验处方集》、《中国小儿传染病学》、《中医温病概要》、《临床实用中医方剂学》、《医学碎金录》、《新编经验方》、《论医选集》、《中医内科临诊方汇》等著作，计有 20 种近百万字。

渊博融通造诣深
精于杂病除难症

沈仲圭不仅善治温病，而且也善治杂病。他对各种疑难杂病，尤其是妇科病、慢性病、老年病中的疑难病研究很深，对虚劳重证的治疗亦有独到之处。

众所周知，患虚劳重证，治疗难度非常大。可是，沈仲圭却知难而进，在古人治法的基础上，经过多年临床实践自拟了清肺保金、扶元培土、益阴平肝的方剂，虚劳重证患者服用后，疗效甚好。

《内经》中曾经提到："精气夺则虚"。虚劳为病，多为积渐而成。久病体虚，久虚不复为损，损极不复为劳。虚劳咯血形瘦便溏者，病由真阴久亏，水不涵木，木火上灼肺金，金受火刑，肺失治节之权，以致咳嗽气逆、伤络见红、潮热等症接踵而来。肺位于上焦，乃五脏之华盖，肺为娇脏，而朝百脉，肺之化源受损，清肃无权，肝火上冲，颧红面赤。脾气下陷，食纳日少，枯瘦日增，脾乏生金之资，自上损及中焦，大便完谷不化，谷食少进，而出现阴虚于内，阳浮于外，五心烦热，盗汗不止，火灼金伤，津液暗耗。是以口干舌燥，口渴欲饮，咽痛声哑，形体消瘦，神疲体倦。肺伤渐刑，火炎于上，则咳嗽痰血。脾虚中气不固，则大便溏薄。脾乃后天之本，生化之源泉。若脾失健运，致虚热困倦，诸证蜂起，脉象细数，舌光如镜，舌质红无苔。按其脉证分析，应该属于阴虚火炽，这是虚劳重证，难治之证。因为肺喜清润，恶香燥，而脾则喜香燥，恶清润，在治疗上存在矛盾。若单用清润之剂，则不利于脾，若用香燥之品，则有害于肺，在临床施治的过程中，该如何同时兼顾脾肺，实在是棘手难题。

沈仲圭通过临床实践，自拟了清肺保金、扶元培土、益阴平肝的方剂。药用：西洋参3g，麦冬9g，燕窝6g，冬虫夏草9g，阿胶10g，百合12g，山药15g，川贝6g，甜杏仁6g，款冬花6g，生地炭20g，琼玉膏1匙。沈仲圭自拟的方剂，从表面看似乎偏于滋阴，但脉象虚数带弦，舌光如镜，舌质红，这是阴虚火旺的症状。方中用生地、阿胶、麦冬是必不可缺的。如果调理得当，可望带病延年。

沈仲圭对于妇科病中的疑难病也颇多研究。他认为妇人之病与男子无异，唯有经、带、胎、产诸病不同，因此撰有《妇科四症治法简述》一书，以经、带、胎、产为纲，充分反映了他治疗妇科病的经验。沈仲圭论治月经病时，认为“应辨明经期先后，或先后无定，或经停不行，经量多少，色淡红或紫暗，有无腹痛、癥块等，才能知其寒热虚实，治用温凉补泻”。如月经先期“一般由于肝火偏旺，血热妄行，来时量多，色深红或紫色成块，质黏气臭，同时心烦易怒，脉象弦数，宜凉血清热，选用名医丁甘仁养营清热法”。方为：归身五钱，生地五钱，白芍三钱，黄芩二钱炒，荆芥钱半，炒丹皮二钱，藕节五个，血余炭三钱，白薇二钱，胡麻仁三钱，广陈皮钱半，云茯苓三钱。沈仲圭提到：“本方用四物汤去川芎，加丹皮、黄芩和血清热，荆芥、藕节止血，血余炭养阴去瘀，胡麻仁补肝肾。综合诸药功用，和血清热为主，止血去瘀为辅。用于月经先期，色鲜量多、有块等证。”“果身体阴虚内热，经期超前，量少色淡无块，兼有头晕眠少，五心烦热，脉象细数，宜滋阴清热，选用傅青主两地汤。”

沈仲圭在谈崩漏时强调要辨证论治，因为“产生崩漏的原因分为阴虚血热和气不摄血。阴虚血热者，血色深红，五心烦热，急躁易怒，夜眠不安，脉多细数，宜凉血止血，选用荆芩四物汤加减。气不摄血者，血色淡红，神疲气短，脉多细弱，宜补气摄血，选用丁甘仁益气固摄法加减”。益气固摄法之方为：土炒潞党参、炙绵黄芪各三钱，土炒野白术三钱，炙甘草二钱，云茯神三钱，秦归身、杭白芍、生地黄、阿胶、酸枣仁、杜仲（盐水炒）、川断（盐水炒）、陈棕炭、血余炭各三钱，藕节一个，远志肉一钱，煨木香五分。沈仲圭提到：“本方由归脾汤扩充而成，归脾汤主治心脾虚弱，不能摄血，月事过多。虽有补气摄血之功，但用于血崩尚力弱。而益气摄血汤则补力到位，又能止血，比原方更进一步。”治疗不孕症，他首重调经之法。调经之法“虚则补之，如参香八珍膏；实者泻之，如当归、赤芍、桃仁、红花、香附、延胡索、青皮、泽兰之类；寒者温之，如温经汤；热者清之，如八味逍遥散。等到月事通调，经色正常，自然受孕”。

1952年，沈仲圭在重庆曾诊治过一名患者。该患者妊娠中患恶性呕吐，已经一月不能进食，体重减轻约四五公斤。沈仲圭用温胆汤去甘草，合左金丸，加苏梗、砂仁、灶心土，两剂后吐止，换方调理痊愈。

另外，对于保胎方法，沈仲圭首推丁甘仁的养血保胎方。方为：归身五钱，白芍、生地各三钱，艾叶二钱，阿胶三钱，杜仲、桑寄生各四钱，川断、苎麻根各三钱，藕节炭三钱，炒黄芩钱半，黄芪三钱。沈仲圭在治疗妇科疾病时首推傅青主、丁甘仁的学说，但在治病中，他并没有拘泥于两人的学说，而是辨证精审，用药切当。同时，他治疗妇科病还以擅用简便灵验的单方见长。如用鸡冠花和椿根白皮鲜者一至二两，水煎服，有收涩止带的功效；益母草和红糖煎饮，产后服用可无瘀血阻滞的困扰；通乳用当归五钱，王不留行三钱，水煎温服，行中有补，即便体虚也可以服用。

对老年病中的疑难病，尤其是高血压病的防治，沈仲圭也很有研究。他认为，引起高血压病的原因是长期精神紧张或恼怒忧思，肝气郁滞，郁久化火，同时年老肾亏，肾阴不足，肝失滋荣，肝阳偏亢，上扰清窍，遂致头痛、头晕、耳鸣，健忘少寐，四肢麻木等症蜂起。如延久不治，或治不得法，可使气血上冲，扰动心神，蒙蔽清窍，猝然昏厥，半身不遂。所以，在高血压病后期宜服用滋阴潜阳之剂，或制丸长服，或每周服三四剂，饮食以清淡为宜。

在大量临床经验基础上，沈仲圭总结了治疗高血压病的常用方法。他指出在高血压病初中期，常见的症状是头晕耳鸣，心烦少寐，头重足轻，脉象弦细而数，舌红少苔。他认为用平肝养阴祛风法效果最佳。方为：桑叶 6g，菊花 6g，白蒺藜 9g，生地 15g，制首乌 12g，女贞子 9g，生龙骨、生牡蛎、磁石各 15g，牛膝 9g，桑寄生 12g，茯苓 12g，水煎服。本方以桑叶、菊花、白蒺藜祛肝风，生地、首乌、女贞子益肝阴，龙、牡、磁石镇肝阳，牛膝引气血下行，寄生补肝肾、降血压。综合各药性能，有平肝阳、息肝风之效。高血压病如果发展到中后期，平肝养阴祛风的疗效则明显不足。高血压病中后期的症状表现为：头晕目花，眠少梦多，腰酸腿软，火亢面赤，脉弦细数，舌红少苔。沈仲圭根据多年临床经验，自拟了益阴潜阳涤痰法。方为：生龙骨、生牡蛎各 15g，炙龟板 12g，钩藤、甘菊花各 6g，玄参、麦冬各 9g，生地 12g，白芍、瓜蒌仁各 9g，川贝、枇杷叶各 6g，水煎服。本方用龙、牡平肝，龟板补阴，参、麦、地、芍滋阴养血，钩藤、菊花祛风，蒌、贝、枇杷叶降火涤痰。综合各药性能，滋不足之肾阴，平上逆之肝阳，用于高血压病中后期效果显著。

另外，对于治疗高血压的单方，沈仲圭也有所收集。比如他曾经提出用野菊花 30g，夏枯草15g，水煎服。方中野菊花清热毒，治头痛，夏枯草清肝火。形体壮实、肝火亢盛者用之效果明显。同样对于形体壮实、肝火亢盛的高血压病患者，用大青叶9g，焦山栀9g，海藻9g，茺蔚子9g，煎服。方中大青叶解心胃热毒，栀子泻心肺之火，海藻咸寒软坚，茺蔚子降血压。对于各类高血压病患者，用侧柏叶、臭梧桐、桑白皮各18g，水煎。方中臭梧桐、桑白皮均有降压作用，侧柏叶可凉血。

1977年5月，沈仲圭曾诊治过一名高血压患者。该患者头目晕眩，颈项强痛，四肢无力，鼻痂干结，大便干燥，尿多而黄。诊其脉沉细尺部弱，舌有裂纹，苔微白，测得血压250/160mmHg。沈仲圭诊后认为是肾阴不足，肝阳上亢。于是决定投以养阴平肝佐以息风之方。方为：玄参、麦冬、牛膝、茯苓各12g，代赭石24g，生龙骨、生牡蛎各15g，钩藤、菊花、远志、蝉蜕各6g。服3剂后，患者再来就诊，头晕见减，大便仍干，小便略少，血压降至230/110mmHg。又有心悸胸闷，脉弦细。沈仲圭开出的处方为：前方去代赭石、蝉蜕、玄参、麦冬、茯苓，加菖蒲、白蒺藜、女贞子、茺蔚子各9g，丹参、首乌各12g，磁石15g。患者服用3剂后，血压降至190/100mmHg，头晕、便干、心悸、胸闷略减，但下肢关节肿痛，脉细数有歇止，舌剥。前方除茺蔚子、牛膝、龙骨、女贞，加羌活、独活、鸡血藤各9克。服用一个月后，血压趋平且稳定，身体轻松有力。沈仲圭治愈此高血压病患者，根据的是《类证治裁》中提出的“肝主藏血，血燥则肝急……凡肝阳有余，必须介类以潜之，柔静以摄之，味取酸收，或主咸降，务清其营络之热，则升者伏矣”。故治肝阳之法，宜甘凉益肾之阴。药如玄参、麦冬、首乌、女贞之属；介类潜上升之阳，牡蛎、石决明、珠母之类，并视其兼症而酌情增损。一位患者兼心悸、胸闷，他就在方中配丹参、远志、菖蒲等药，以调气血、宁心神。由此可见，沈仲圭用药既有据可考、法有渊源，又不拘泥于前人经验，而能做到因病施治。

沈仲圭对失眠、阳痿等疑难病也能“妙手回春”。20 世纪 60 年代，他曾诊治过一位患有严重失眠症的患者。该患者受失眠所扰已经长达 20 余年。他追溯其病史，由于长期脑力劳动过度，精神常处于紧张状态，有时彻夜不寐，面赤心烦，头晕头胀，记忆力减退，注意力不易集中，思绪纷纭，身倦体困，胸闷心悸，纳谷不香，小便频数。其脉虚数，舌净无苔。西医诊断为：一、自主神经功能失调，二、动脉硬化症。据上述脉证合参，证属肾阴亏损，心阳浮越，乃心肾不交所致。阳浮于上则面赤心烦，惊惕不寐；阴亏于下则小便频数，头目晕。治疗仿仲景黄连阿胶汤法，滋不足之阴，降上越之火，用轻药缓调之。药用：黄连 6g，阿胶

10g，白芍 12g，鸡子黄 1 个，夜交藤 15g，丹参 9g，玄参 9g，炒枣仁 10g，远志 6g，陈皮 9g。自 1963 年 7～10 月，患者共服 54 剂，睡眠恢复正常，诸症消失。

一位代姓患者患阳痿、早泄、精量少已有两年，尚有小溲频数，入睡前阴器作胀，少腹痛不适，神疲倦怠，纳差。曾求治于某医院，诊断为：性神经衰弱。形体尚可，面色无华，脉象弱涩，舌净无苔。沈仲圭诊断为肾阴素亏，命火亦衰，而致阳痿早泄。以温肾、益精、兴阳为法，宗还少丹意。处方：熟地六钱，山萸肉二钱，枸杞子三钱，五味子二钱，沙苑蒺藜三钱，菟丝子四钱，覆盆子四钱，川断三钱，大茴香一钱。二诊：服上方七剂，诸症大减，脉舌同前，为巩固疗效，以丸药收功。拟原方五剂量，研细面，炼蜜为丸，每丸三钱重，每日早晚各服一丸，空腹细嚼，淡盐汤送下。经随访，患者自述服上方丸药毕，阳痿等症已愈，两年未复发。沈仲圭认为，此案阳痿、早泄、精少、尿频等证候，皆由于肾阴、阳两亏而起。如肾亏得复，由肾亏引起之诸症，亦必潜消于无形。他用熟地、萸肉、沙苑、枸杞滋阴补肾，大茴香助命门之火，覆盆子起阳痿，菟丝子治精冷，五味子滋肾固精，川断补肝强筋。所用诸药虽然平淡，但奏效甚速。由此可见，治病之要在于辨证、用药之是否中肯，而不在药物之贵贱。

沈仲圭诊治过一位久患鼻衄的女性患者，十余年来，经常出现鼻衄，无明显诱因，与月经无关。就诊前一个月以来，鼻衄达到十余次。每次流血并不多，但衄后头晕。饮食、大便、睡眠等均无异常表现。曾用西药治疗，无明显疗效。1963 年 3 月 3 日，前来就诊。沈仲圭察看该患者脉沉细无力，稍有薄黄苔，面色萎白。脉证相参，认为是气血两亏，阳络损伤，以致久衄不止。方用人参一钱，白术二钱，熟地四钱，阿胶三钱，以补气血；侧柏叶四钱，艾叶、荷叶各二钱，以止血溢。服用三剂后，衄血已止。

沈仲圭对杂病的治疗，虽涉及的领域广泛，诊疗的病症复杂，但常能药到病除，这是由于他善于从古今典籍、医案中获取经验，注重对传统疗法的临诊思路进行挖掘、提炼，从而拓宽了自己的诊病视野，丰富了临床实践。

方药至要似遣将
加减有度赖辨证

沈仲圭主张选药宜精良，配方须巧妙。这就如同打仗布阵严密，自能克敌制胜。他说："方剂学是祖国医学理论宝库中的一个重要组成部分。治病好比歼敌，用药如用兵，选方如遣将，只有兵精将勇，才能所向无敌。每临证必选一方为基础，辨证适当加减。反之，疗效是不会理想的"。的确，中医的治疗方法以方剂为主要手段。方剂的起源很早，《黄帝内经》中即有12方，并有煎剂、丸剂、酒剂等区别。自后汉张仲景作《伤寒杂病论》，不但方剂的数量增加，而且方剂的疗效又极准确，后人尊称之为"经方"，至今沿用。自汉以后，方剂随年代而扩充，变迁亦至大。所谓扩充者，即方剂数量之增加，如明《普济方》，所收方剂达 61739 首之多，与李时珍《本草纲目》，并为明代两大巨著。所谓变迁者，即方剂之派别，如金元四大家之治病，各有所长，均为一代名家，具体地反映在所制的方剂上。由于方剂的数量众多，内容丰富，所以它成为中医学的重要部分。沈仲圭重视对方剂的研究，著有《临床实用中医方剂学》。全书共分为两部分，第一部分叙述方剂起源、变迁、性质、效用等；第二部分收方 210 余首，分发表、清热、解毒、杀虫等。每方注明来源、组成、主要效能、适应证、方义略释、临床运用等，为初学方剂者的必读之书。

沈仲圭为祖国的方剂学贡献了自己的力量。他不但重视对中医方剂学的研究，同时，在临床上注重对方剂的加减，强调辨证论治。他说："处理方剂，是中医临床最后阶段的细致功夫，主要是根据诊断（望、闻、问、切）所得，运用辨证论治体系的方法，对疾病予以全盘的认识和分析，经过认识和分析以后，意识上有了比较全面的概念，便从而商议处方治疗的法则。法则确定了，于是据方用药，加减进退，轻重缓急，老于临床者，如此运用裕如，毫无牵掣。这就是所谓理法方药的具体过程，而完结了对疾病的最后手段。”临床治病，因为疾病的原因不同，病人的体质各异，病状的轻重不一，所以方的组成，就有各种不同的类型，在古代就初步制订了七方，即大、小、缓、急、奇、偶、复七种。在具体的临床中，沈仲圭强调选方要准确，方剂加减要得当，务必谨守病机，灵活变通，加减不能无则，亦须避免照搬成方。漫无边际地加减，每致原方功能改变，轻者影响疗效，重则转为危候。如仲景桂枝汤，本为解肌发表、调和营卫之剂，是治疗太阳中风的专方。若倍芍药加饴糖，即成为温中补虚、和里缓急的小建中汤，再用于太阳中风证何能取效?

照搬成方，疗效亦不会高。同患一种病，由于体质强弱、年龄大小、患病时间长短以及性别、环境、生活习惯等方面的差异，所现症状不尽相同，用药也就有别。当然，若逢病情与方剂所主病证完全相符，那也就不必加减了。所以，沈仲圭在方剂的应用上，从不凭经验处之，而总是认真观察病人的病症仔细斟酌。

比如，沈仲圭对甘寒补气汤的临床应用，尤其注重方剂的加减。《医门法律》中记载的甘寒补气汤组成为：人参3g，麦冬3g，蜜炙黄芪4g，酒炒白芍3g，蜜炙甘草2g，生地黄6g，牡丹皮2g，淡竹叶鲜者取汁少许，干者用2g。用法：用水两大盏，煎至一盏，加梨汁少许，热服；无梨汁，可用竹沥代之。功效为补气养阴，清热祛烦。适用范围为内热火灼，或温病羁延，气阴受损，神疲气短，形体虚弱，或午后发热，心烦少寐，咽干口渴，舌红无津，脉象细数。

根据甘寒补气汤本方，沈仲圭通过大量临床经验总结了其加减法则。温邪久羁，气阴受伤，热邪仍盛，身热不退，汗多神疲，心烦不安，舌红无津，脉细数，去黄芪，加玄参15g，白薇9g，养阴清热。热邪鸱张，正不胜邪，邪陷正脱，神昏烦躁，汗出不止，舌光无苔，脉象细数，加黄连6g，银花15g，板蓝根12g，石菖蒲4.5g，泻火解毒，开闭逐邪。劳累日久，肺阴亏耗，咳嗽痰血，潮热颧红，气短盗汗，舌质红光，脉细数无力，去竹节，加玄参、白薇、百合、百部各9g，养阴清热，润肺止咳。心火内动，气阴不足，心悸失眠，舌红少津，脉虚数，去梨汁，加黄连3g，玄参、酸枣仁各12g，生珍珠母15g，苦折心火，滋阴安神。气阴亏损，心液外泄，自汗盗汗，舌红而干，脉细数，去梨汁、竹叶，加煅龙牡各15g，浮小麦18g，潜阳敛汗。血出过多，气随血脱，神疲体倦，气短心悸，舌淡红，苔薄黄，脉细数，去丹皮、梨汁，加阿胶 9g，旱莲草、侧柏叶各 12g，养阴止血。气虚夹热，血失统摄，月经过多，日久不止，头晕目眩，神疲气短，舌红少津，脉虚数，去竹叶、梨汁，加黄芩炭 9g，藕节 5g，旱莲草 10g，清热止血。分娩血出过多，营阴下夺，气随血脱，头晕目眩，心悸，面色无华，舌淡红，脉细弱，或浮大而空，去生地、丹皮、竹叶、梨汁，加熟地 12g，升麻 6g，补阴血，升气陷。疮疡破溃，热毒熏灼，气阴已亏，舌红少苔，脉细数，去梨汁，加山药、何首乌、银花各 12g，补气养阴，清热解毒。

沈仲圭在临床中曾经遇到过一位因为暑湿误治，气阴欲竭的患者。该患者为女性，已经 73 岁。时值夏令，感受暑湿，发热畏寒，头身重痛，吐利腹痛，就医后用藿香正气散加桂枝、砂仁，服用两剂后，寒罢热壮，体温达到 40℃。注射青霉素、口服土霉素，吐利虽止，热势未减，小腹胀痛，烦躁难安。某中医诊为下焦蓄血，投以仲景桃核承气汤加当归、赤芍。服用两剂后，病情转重，心悸烦躁，口渴饮冷，汗多气短，精神疲惫，小腹拘急作痛，呻吟不安，口唇焦燥，舌红无津，脉细数。沈仲圭辨证为感受暑湿，误用温燥，妄投攻破，气阴欲竭。治宜益气固脱，养阴清热。遂用甘寒补气汤加减：白人参 6g，生地 15g，麦冬 12g，白芍 12g，玄参 12g，金石斛 12g，炙鳖甲 9g，朱茯神 6g，川黄连 3g，鲜竹叶 20 片。患者服用 4 剂后，身热退，心悸平，腹痛止，能食稀粥一碗，但头晕目眩，汗多体倦，夜寐不宁，口唇干燥，舌红少津，脉虚数。乃余热未尽，气阴仍亏。治宜补气养阴，佐以安神。方用党参、麦冬、金石斛各 12g，酸枣仁、朱茯神、麦芽各 9g，炙甘草 6g。服用 5 剂后痊愈。由此可见方剂的重要性。开错药方可使病情恶化，而通过辨证精审，用药切当，适当加减，病症很快就可以治愈。

临床治病，除辨证要精细，用药要恰当外，沈仲圭还强调对药物的用量也不可忽视，因为它关系着全方所起的作用。比如傅青主生化汤，为去瘀生新之剂，治疗产后瘀血停滞，小腹疼痛，具有良好的功效。是方在傅青主《产后编》所载原方为："当归八钱，川芎三钱，桃仁十四粒（去皮尖研），黑姜五分，炙草五分，用黄酒、童便各半煎服。"是方以当归补血润燥，川芎行血中之气，桃仁活血化瘀，炮姜温经止痛，炙甘草调和诸药，黄酒、童便为引，亦取其活血行瘀之义。值得指出的是，此方之所以能取得如此疗效，和方中各药的用量有很大关系。方中所用五药，当归一味用量超过其余四药的总和。可见本方是以补虚为主，行瘀为佐，符合产后虚中夹实的病机。程钟龄《医学心悟》产后将护法中也载有生化汤一方，与傅氏原方比较，去甘草，而易之以益母草，各药分量也有所改动："当归三钱，黑姜五分，川芎一钱半，益母草一钱，桃仁七粒（炒研）。"但当归用量仍居诸药之首，不失原方本意。生化汤之重用当归，和当归补血汤之因血生于气，补血先当益气，而重用黄芪（五倍于当归），都具有特定效用。

注重临证善总结
博览群书成儒医

沈仲圭一生兴趣广泛，好学不倦，博览群书，不但对前辈医家的学术思想钻研甚深，而且对现代各种医学理论也广泛涉猎。对沈仲圭的治学和临床态度，中医专家们常用“儒医”、“认真”来形容。沈仲圭不论写什么文章、开什么药方，总是必有出处，可见他学识的渊博和临证的认真。

说起沈仲圭的认真，可以从他所做的“夹条”中窥见一二。沈仲圭的书室里摆满了中医书籍和报纸杂志，到沈家访学的人们经常可以发现书刊里面夹着许多夹条，夹条上详细写着此书的学术内容，以便翻阅查找，而且井然有序。在临证过程中，沈仲圭为做到处方准确，并不忌讳当着病人的面翻看医书。沈仲圭的精湛医术，很早就已经出名，但他不因名声所累，始终持守临证认真、谨慎的态度，常常令患者感佩不已。沈仲圭病逝后，一位在公交公司工作的中年妇女带着自己曾患精神障碍的女儿前来吊唁。她哽咽着说：“我女儿在工作中受了刺激，行为失常，被单位同事当成了‘神经病’。我们跑了几家医院，总不见效。好不容易才找到了沈老。沈老看病仔细极了，有时他还拿出医书翻看。开始我不理解，后来经过沈老的解释才明白——以往沈老看的精神障碍患者多为中年人，我女儿才20多岁，体质、病症都有自己的特点，他老人家翻看医书反复推敲后才处方。现在我女儿已经病愈结婚，可沈老却看不到了。”

沈仲圭还强调要在学习古医书理论知识的基础上注重临证。他说：“学习中医要有10年读书，10 年临证的功夫。”他强调，读书是掌握理论知识，临证是运用理论于实践。如不掌握一定的基本理论作为实践的根本，初学皮毛，就开始悬壶，以人命为尝试，难免误诊，甚至会伤及病人性命；反之，如有了一定的理论基础，而没有实践经验，纸上谈兵，又易误事，而且理论水平也难以真正提高。读书和临证存在着辩证关系，只有在读书的基础上进行临证，医术才能有所提高，并且只有善于总结失败教训，才会使失败成为成功之母。因此，医学理论必须时时和临床相印证，体会才能深刻。对此，沈仲圭感受颇深。他曾在论文中提到，中医研究院在与首都医院合作临床研究门脉性肝硬化腹水（即鼓胀）的治疗规律时，经过临床实践，他感到用泻水峻剂，如大戟、芫花、甘遂之类，虽能水去腹小，但不久复鼓勃，反复施用，元气大伤，终至不救。于是他开始从古书中寻求鼓胀的治疗理论，发现朱丹溪《格致余论》中对此病已有记载。朱丹溪说："医不察病起于虚，急于取效，病者苦于胀急，喜行利药以求一时之快，不知宽得一日半日，其肿益甚。病邪甚矣，真气伤矣！"所以，他在治此症时必用"和肝补脾"，殊为切当。

沈仲圭说："书籍记载的症状和治疗方法多为常态，临床所见到的症状和治疗永远会变化，所以医生必须能够做到知常通变，只有这样才能收到'一剂知，二剂已'的显著效果。患者感染的病毒有轻有重，人与人之间的抵抗能力也不尽相同，病中常会出现的并发症也因为发病条件、人体素质等不同而各异。因此，临床中的症状，常常不是书本上所提及的，并非一定有规律可循，往往起初是杂乱的。临床症状与书中所记载的有所出入，对书中所列的药方和治疗方法，应该根据临床加减。"

1961 年 2 月，有一位久泻病人前来诊治。该病人 16 岁，素有慢性腹泻，大便不调，有时便闭，有时大便稀溏，每日都要大便五六次，腹痛，酸水上泛，恶心欲吐，足腿浮肿，食少，饭后脘腹胀满，四肢不温。开始，沈仲圭用温胆汤加太子参、白术、木香、砂仁、益智仁等，但收效不大。他改用理中汤加扁豆、蔻仁、益智仁、川朴花、荷叶。患者服后足肿消，吐酸止，食欲增进，体重增加，但是大便仍然不调，有时秘结，有时日行三次，质稀溏，兼有腹胀肠鸣。他又在前方上加减，用参、术、姜、草、陈皮、木香、谷芽、益智仁、诃子肉、补骨脂。服用后，诸症消失，体重大增，但仍有腹胀泛酸。于是改用附子理中汤加扁豆、蔻仁、益智仁、荷叶，将药制成丸。患者服用后，5月中旬病情开始好转，到了12月上旬就已经痊愈了。

沈仲圭善于在博览群书、大量临证的基础上，认真总结，集各家所长。对此，他指出："祖国医学对各种急性热病及各种杂病，都有极其显著的效果，只需加以仔细的临床观察，统计疗效，更进一步以科学的方法加以研究，则祖国医学的宝贵经验，将发挥更大作用。”他在研究和学习古医书时，将书中所记载的治疗方法按疾病进行分类，往往能把一种疾病的治疗方法总结出几十种古今治法。由此可见他对古医书的研读之精、思考之深、归纳之细。

以痢疾一病为例。沈仲圭曾在很多文章中总结古今治疗痢疾的经验，不仅详细记录了痢疾患者的患病原因、症状和如何诊治，还在古人治疗的基础上，结合自己临床实验，精心总结出治疗痢疾的10种方法。一、赤痢，身发高热，恶寒，脉浮数，腹稍痛，宜葛根汤。二、下痢脓血，身热，口渴，后重，肛门灼热，宜用白头翁汤。三、痢初起，无表证，可攻下（须有腹痛拒按，舌苔黄腻，里急后重之症），用木香槟榔丸。四、痢已久，邪将净，可酸涩，用乌梅丸。五、虚人患痢，不堪攻下者，可用油当归、白芍、槟榔、木香、甘草等。六、赤痢初起，无表证者，宜芍药汤。七、赤痢见真武证者（腹痛，小便不利，四肢沉重疼痛），或遗尿者，或舌本纯红者，宜真武汤。八、赤痢腹痛，后重特甚者，宜香连丸。九、痢至后期，呕吐，噤口者，宜用人参、石莲肉、黄连。煎汤，入生姜汁少许，徐徐饮之。十、下痢日久，后重脱肛，痢如鱼脑，脐腹绞痛者，宜养脏汤。以上 10 种治疗痢疾的方法，虽不能解除临床出现的所有病证，但如果运用得当、对症下药，均能取得很好的疗效。

在治疗痢疾时，沈仲圭善用王太史治痢奇方，每每对症下药，都能收到很好疗效。他结合临床实践，创造性地提出了具有很强实用价值的治疗痢疾三宜、三忌。三宜为：一宜调气行血导气。痢疾病位在肠，气血与暑湿热毒及积滞相搏结，化为脓血，从而出现腹痛、里急后重、便下赤白等症，所以调气行血是治疗痢疾的方法。二宜清热化湿解毒。痢疾乃暑热湿浊病毒胶结为患，其病初期，热证居多，故清热化湿是治疗的总体原则。但临证中必须辨明湿与热孰轻孰重，总归不能离开清热化湿的方药。三宜先治表后治里。痢疾初起，若有表证，当先撤其表邪，再治其里。若舍表邪，单治其里，势必导致表邪内陷，与内蕴之湿热积滞胶结为患，很难根除。三忌为：一忌补涩过早。痢疾初起，千万不要轻易使用补益收涩的药品，如果不慎投药，轻则病情加剧，重则往往转为危候。即便是体虚，只要正气能够支持，就应该以祛邪为主，只有祛邪才能扶正。二忌峻下攻伐。峻下攻伐，正气易伤，正气伤则病必难愈。三忌寒凉过甚。痢必兼湿，湿乃阴邪。若选方遣药寒凉过甚，则阳气先伤，湿愈难除，为害不浅。

在论述治疗眩晕方法时，沈仲圭又提出疏邪祛风、平肝息风、补肾益精、补益心脾、化痰泄热、活血清脑六法。

以上例子，体现出沈仲圭临证系统论治医术之精湛。

倡导食疗集单方 助益药疗重强身

沈仲圭平素注重养生，是食疗的倡导者之一。他治病的一大特色就是擅长食疗。他指出，饮食疗法是中医学的重要组成部分，慢性病患者和儿童尤其适合使用。如果饮食疗法运用得当，同样能够出奇制胜。他在《漫谈食物疗法》一文中系统论述了食疗的渊源和价值：“食物疗法最早见于《内经》，如治目不瞑之秫米半夏汤，治血枯之四乌鲗骨一藘茹丸。《金匮要略·百合狐蜮阴阳毒病脉证治》治百合病用百合配合药物之方共五首，治狐蜮有赤小豆当归散。《金匮要略·血痹虚劳病脉证并治》治诸不足有薯蓣丸。《金匮要略·妇人杂病脉证并治》治妇人脏躁有甘麦大枣汤。他如仲景治悬饮，胁下有水气用十枣汤；《备急千金要方》治干霍乱，用食盐探吐；治肺痈，有苇茎汤；《肘后方》治外感初起，有葱豉汤；《济生方》治虚喘，有人参胡桃汤。古今医书，以食物为主配合药物之方，指不胜屈。至清代，《温病条辨》中以食物配合药物之方，尤数见不鲜。如上焦篇治温病口渴有雪梨浆及五汁饮；燥伤肺胃阴分有沙参麦冬汤。中焦篇治太阴寒湿有椒附白通汤；治素积劳倦，再感湿温，有连翘赤小豆饮；治太阴脾疟有露姜饮；治秋燥胃液干燥有牛乳饮。下焦篇治心中烦，不得卧，有黄连阿胶汤；下焦温病，既厥且哕，脉细而劲，有小定风珠；温病里虚有桃花汤；温病下利，完谷不化，有桃花粥等。”由此可见，食物疗法历史久远，并绵延至今。

所谓食物疗法，即利用食物进行防病治病，或促进病体康复。食物疗法相较于药物疗法更为方便和随意。食物疗法与药物疗法最大的不同是：食物疗法可以“有病治病，无病强身”，对人体基本上无毒副作用。如张锡纯在《医学衷中参西录》中说：“食疗，病人服之，不但疗病，并可充饥，不但充饥，更可适口，用之对症，病自渐愈，即不对症，亦无他患。”因为食物疗法对患者身体不会带来什么伤害，所以沈仲圭在临床上广泛应用。例如，他治疗肺痨病时强调用药物的同时，也常用下列物品进行食疗：百合、柿饼以润肺宁嗽；牛乳、甘梨以消痰降火，润肺止嗽；薏苡仁、莲子、芡实以治肾虚滑精，脾虚便溏；扁豆、红枣以补脾益肾；桂圆补益心脾，以桂圆肉加沙参蒸至糜烂，每用一茶匙，沸水冲服；乌骨鸡、猪肺以补虚益肺，洗净，煮烂，蘸白及末食；核桃益肾，止劳喘，捣烂后，另用红枣蒸熟去皮核，两物混合搓成团，当点心食用。

沈仲圭在《食物疗病常识》一文中提出一

种关于春寒感冒的食物疗法，称为神仙粥。初春气候多变，乍暖还寒，是感冒和一些流行性疾病的高发季节。年老体弱者以及儿童尤其应该注意防护，避免在这个季节生病。沈仲圭的神仙粥就是一剂防治感冒的良方。相传神仙粥早在元朝已开始在民间广泛流传，一直深受医家的推崇和老百姓的信赖。沈仲圭对此方有很高评价，认为此方治疗风寒感冒“屡用屡效，非寻常发表剂可比”！神仙粥的用料为生姜、连须葱白、糯米、米醋。曾有歌曰：“一把糯米煮成汤，七根葱白七片姜，熬熟兑入半杯醋，伤风感冒保安康。”神仙粥的具体制法是：糯米50g洗净，加适量水煮成稀粥，再加入葱白7根（洗净拍平，约30g）、生姜7片（约15g），共煮5分钟，然后加入香米醋50ml，搅匀起锅。煎煮时一定要注意，米醋应后入，葱白、生姜也不宜久煎，这样解表效力才强。趁热服下后，立刻盖好被子，使身体微热出汗，一般连续服用 3～5 次，感冒就可以痊愈。神仙粥适用于风寒感冒，有恶寒、发热、头痛、浑身酸痛、鼻塞流涕、咳嗽、打喷嚏以及胃寒呕恶、不思饮食等症状，特别是患病 3 天内服用，即可收到“粥到病除”的奇效。本方中葱白、生姜属辛温解表药，性味均为辛温，都具有发汗解表、祛风散寒的功效，而且两药作用均平稳和缓，治疗风寒感冒轻证，如连须葱白汤，效果甚佳。食醋具有解毒作用。本粥取三药合用，足见其发散风寒效力之强。此外，神仙粥不仅可防治风寒感冒，还可预防流感、流脑以及四时疫气流行，但不适合风热感冒、高热烦躁者服用。此方的运用，使很多人不仅治愈了感冒，同时感受到了食疗的切实功效。

药物疗法主要使用药物，是针对患者治病而设。药物相较于食物性质刚烈，因此药物疗法受到的限制多，而食疗则不然。比如沈仲圭曾研究过茶叶和胡桃的防病治病作用，这两种食物是人们日常生活中经常食用的，即使健康人也可常年食用。沈仲圭说：“胡桃仁味甘气温，皮涩肉润，功能温肺润肠、补气养血，治虚寒喘嗽，腰脚虚痛，阳痿遗精，耳鸣，小便频数，大便燥结。胡桃仁含脂肪油、糖类及钙、磷、铁、胡萝卜素、核黄素等。”据他介绍，他家乡的食法是将胡桃仁去衣捣烂，红枣蒸熟去皮核，两物适量配合，搓成丸，如杏子大，每次两丸，常年食用有健脾补肾的功效。沈仲圭还提到胡桃仁的另一种食用方法：阿胶用绍兴酒隔水炖烊，加入捣烂的胡桃仁，搅匀倾入瓷盆内。候凉，切成小方块，每用一块，沸水冲服，一日两次。还可以用胡桃仁 150g，白糖 120g，清水适量，把胡桃仁放温水中浸泡五六分钟，去皮，以小石磨带水磨成胡桃汁，将汁倒入锅中，加白糖和适量清水，即可饮用。用此汁代茶，最为滋补。

此外，胡桃仁也是处方中常见的药物。《成

方切用》中记载使用胡桃的方法：补骨脂 300g 酒蒸为末，胡桃仁 600g 去皮研烂，蜜调如饴，每晨酒服一大匙，不能饮者沸水调服，忌芸苔、羊血，用以治疗虚寒咳嗽，腰腿酸痛。青娥丸：补骨脂 300g，胡桃仁 600g，杜仲 480g，大蒜 120g，共研为末，制成丸，丸如梧子大，每服 9g，日服两次。可以治疗肾虚腰痛。蟠桃果：芡实、莲肉去心、胶枣肉、胡桃肉去皮、熟地等份，以猪肾 6 个，掺大茴香蒸极熟，同前药末捣成饼，每服一个，空心食前用白滚汤或好酒一二盅送下。可以达到补脾滋肾的功效。又如杨志的《医论医案集》中治石淋方记载：麻油半斤，胡桃肉半斤，用麻油煎胡桃肉至黄色，取出研碎，再加半斤冰糖，倒入油中，搅成糊状即成。每日服用三次，每次一汤匙，开水调服。治膀胱结石有效。由此，沈仲圭总结说："胡桃仁配人参补气益血；配补骨脂温补下焦；配杜仲主腰酸足软；配芡实、莲须补肾固精；

和清利湿热之剂同用可治泌尿系结石。可见，胡桃仁是一种优秀的药用食饵。”沈仲圭强调，胡桃仁动风痰，助肾火，阴亏火旺者忌服。

沈仲圭又曾著文专门分析茶叶食疗法。他说：“茶叶中含有咖啡因、茶碱等，有兴奋精神、解除疲劳的功用。当人疲困时，或溽暑困人时，如果喝一杯清茶，就可以精神焕发、困倦立解。《本草》说茶有清神泻热之效。另外，茶叶中含有多量维生素C、维生素A、维生素B，和蔬菜的性质相近，所以茶对偏食肉类的人，有补偏救弊之疗效。”因为以上优点，茶叶在医疗上很有功用，它可上清头目，中消食滞，下利小便。古人用以疗疾，亦非少数，如姜茶饮、川芎茶调散、午时茶、治痢散等。沈仲圭将配伍茶叶的各方，全部汇录在一起，说明各种茶品的功用。治疗霍乱烦闷：茶末一钱，煎水，调干姜末一钱，服之有效。治疗霍乱腹痛，两腿转筋：藿香、苍术、柴胡、羌活各二钱，泽泻、木通各一钱，神曲、陈茶叶各三钱，老葱连根两条，水煎服。治疗风寒感冒，头痛身热：胡桃肉连壳、葱白、细茶、生姜同杵烂，水煎热服，汗出而愈。内热者，去生姜，加白砂糖。用甘露茶，疏风清热，去滞逐邪，治疗一切感冒时气、头痛腹胀、不服水土等证。陈皮四钱，炒谷芽一两，神曲一两半，炒山楂五十粒，乌药、厚朴、枳壳各八钱，陈茶叶三两，共为粗末，每服两三钱，生姜汤煎服。用太上五神茶，治疗伤风发热、头痛咳嗽、伤食吐泻、痢疾。陈细六安茶、麦芽、山楂、干姜、紫苏、陈皮、厚朴，各药同炒，共磨末。此外还有茶梅丸治痢疾；茶调散治风热上攻，头晕昏痛及头风热痛；蜡茶散治小儿阴囊生疮，疼痛出水；将茶叶、黄连、生枣仁、通草、莲子心，水煎服，治疗多睡好眠等。就此，沈仲圭总结道："古代医家善于以茶治病，多用于头目不清，食积不化，痰涎不消，及血证、目疾、痢疾、霍乱等病证。”沈仲圭同时强调，茶叶固然是人们日常生活中的重要饮品，具有很多功用疗效，但是饮茶过多，对身体亦有不利，甚至可能危害健康，所以饮茶要适量。

正是因为药物性质刚烈，如果用药不当，会使原有病情加重。比如虚证用泻药，实证用补药，或热证用温性药物，寒证用寒凉性质药物等，不仅不能治好疾病，反而会“雪上加霜”。所以在使用药物治疗时必须谨慎。而食物疗法则不同，食疗用品在剂量、剂型上没有严格界定，相较于药物疗法，更为便捷，有时甚至能得到出奇制胜的效果。另外，从口感上，药物苦口，患者厌服而难坚持，食物的口感则更容易被人们所接受而长期坚持。人们在享受食物美味的时候，不知不觉地就将疾病治好了。沈仲圭曾经介绍《备急千金要方》中记载的治疗孕妇足肿的食疗方法：孕妇在怀孕 5～7 个月间，每有两足浮肿，渐至头面全身俱肿，方书称为“子肿”，以脾肺气虚为主要原因。可用鲤鱼汤治疗。方用：鲤鱼一尾，去鳞肠煮汁。另用白术五钱，茯苓四钱，当归、白芍各三钱，共研粗末，纱布包好，投入鲤鱼汤内，加橘皮少许，生姜七片，煎服，有消肿的功效。沈仲圭解释说：“按本方用鲤鱼行水，苓、术培脾，归、芍和血，橘皮、生姜行气散肿，实在是食疗中的良方。”

沈仲圭善于收集民间食疗单方，因为这些单方简便易行，也有很好的疗效。比如用秋梨去心，填入川贝末，竹签固定，置饭锅上蒸熟食，对肺结核干咳痰中带血丝血点，用之最宜。又如用母鸡一只，去头足，切成块；另用柚子一个，切一盖，挖去瓤，置鸡块于其中，加少许盐及水，盖上，竹签固定，黄泥封严，入火中煨熟，取鸡肉及汁服之，治虚性咳喘和哮喘有效。又如橘饼、苏梗适量配合，治疗神经性胃痛及溃疡性胃痛，有药简功宏的妙效。沈仲圭指出："食物疗法对慢性病、虚弱证最为相宜，因其以食物为主，少药物偏性之弊。《医林漫话》中用豆腐、杏仁、麻黄三物煎服，治支气管炎；用熟豆浆冲鸡蛋，加白糖食，有止咳补血的功效。此种简便有效的食疗方，很有推广价值。"但同时，沈仲圭也提醒说，虽然食物疗法相较于药物疗法有一定优势，但是并不能完全替代药物疗法。食疗对老人、小儿、体虚者尤为有益。但体强证实之人，仍需以药疗为主，免得病重药轻，贻误病势。所以，在防病治病的过程中二者是不可或缺的，应该根据不同疾病，做到食物疗法与药物疗法相互配合，互补长短，相得益彰。

沈仲圭理论造诣深厚，熟悉各家学说，善取各家之长。沈仲圭具有丰富的临床经验，不仅精于温病治疗和补虚之法，还着力于对中医方剂的研究，根据古方，创立了不少实用的新方剂。在杂病、妇科病等方面也有很高的造诣，堪称中医界著名的杂病专家。著名中医任应秋评价沈仲圭说："沈仲圭老先生是一位难得的中医专家。"沈仲圭的著作等身，重要著作有《仲圭医论汇选》、《肺肾胃病研讨集》、《中医经验处方集》、《中医温病概要》、《临床实用中医方剂学》、《医学碎金录》、《新编经验方》、《妇科四症治法简述》等。沈仲圭长期从事中医教学工作，桃李遍布大江南北。其生徒如中国中医科学院广安门医院王齐南、中国中医科学院西苑医院郑金福、浙江中医药大学连建伟、河北景县的于世良等，均为医林杰出人才。

在沈仲圭 100 周年诞辰之际，他的学生彭述宪赋诗曰："熟谙医理九州闻，简朴清新妙为文。融会寒温灵巧法，音容宛在永扬芬。"诗句真切地概括了沈仲圭的高尚德操和医林地位，表达出后学者对他的尊敬、景仰和怀念。随着岁月的流逝，沈仲圭在中医理论与临床研究方面的学术成就，他为当代中医事业所作出的独特贡献以及他的大家风范，将日益显现出其价值。

（撰稿人　沈　文）

《中华中医昆仑》丛书150位医家名录

（按生年排序）

张锡纯	丁甘仁	萧龙友	王朴诚	恽铁樵
曹炳章	冉雪峰	谢　观	施今墨	汪逢春
孔伯华	黄竹斋	吴佩衡	蒲辅周	陈邦贤
李翰卿	李斯炽	姚国美	陆渊雷	张泽生
时逸人	张梦侬	叶橘泉	王聘贤	陈慎吾
邹云翔	赵炳南	承淡安	余无言	刘惠民
岳美中	沈仲圭	秦伯未	赵锡武	韦文贵
程门雪	黄文东	赵心波	董廷瑶	吴考槃
章次公	石筱山	陆南山	张赞臣	李聪甫
刘绍武	陈存仁	朱仁康	陆瘦燕	姜春华
韩百灵	高仲山	李克绍	王鹏飞	刘春圃
金寿山	哈荔田	何世英	周凤梧	干祖望
关幼波	王为兰	任应秋	罗元恺	祝谌予
杨医亚	郭士魁	何时希	耿鉴庭	俞慎初

裘沛然	顾伯华	江育仁	邓铁涛	门纯德
刘渡舟	尚天裕	朱良春	李玉奇	程士德
尚志钧	赵绍琴	董建华	米伯让	李辅仁
张珍玉	班秀文	颜正华	于已百	颜德馨
路志正	方药中	王乐匋	黄星垣	谢海洲
余桂清	何　任	王子瑜	程莘农	陈彤云
焦树德	张作舟	张　琪	李寿山	张镜人
王绵之	方和谦	印会河	王玉川	蔡小荪
李振华	马继兴	王嘉麟	宋祚民	刘弼臣
王雪苔	刘志明	吴咸中	李今庸	任继学
裴学义	王宝恩	周霭祥	贺普仁	唐由之
赵冠英	许润三	金世元	陆广莘	刘柏龄
徐景藩	吉良晨	吴定寰	沈自尹	王孝涛
张灿玾	周仲瑛	强巴赤列	张代钊	李经纬
郭维淮	柴松岩	苏荣扎布	陈可冀	李济仁
夏桂成	郭子光	巴黑·玉素甫	张学文	陈介甫